すぐに実践シリーズ

ヒューマンエラー

減らすだ

事故への進行を断つ!

中央労働災害防止協会 編

はじめに
～「人は必ずエラーをする」ことを前提に、一手先を読む～

仕事を進めていく上で、「ヒューマンエラー」は常にまとわりつく、やっかいな問題です。「電話の番号ボタンを押し間違えた」「機械の起動ボタンを押し間違えた」。どちらも同じようなエラーですが、後者は、安全上、なんとしても防ぎたいエラーといえるでしょう。

しかし、人は体調や注意力が一定でないことなどから、必ずエラーをします。すべてのエラーを防ぐことは現実的に不可能なのです。このことは、「エラーを防ぐ対策のみをやっていればよい」と単純に考えるだけでは、事故・災害は防げないことを示しています。そこで「たとえエラーが発生しても大きな影響を及ぼさないようにする」という一手先を読んだ取り組みが、たいへん重要なのです。

エラーをするとどこかで、モノや状態に「いつもと何か違う」といった異常が生じます。本冊子は、「エラーや異常にいち早く気づいて、大きな影響を及ぼさないように悪い連鎖を断ち切る」という視点で、製造現場に限らず、オフィスなどでも参考となる、具体的な取り組みを紹介するものです。職場のみんなで、できることからはじめてみましょう。

| もくじ |

1　ヒューマンエラー対策の考え方 ～事故を防ぐ３つの力	3
2　職場で異常を見つけるための工夫の例	5
（1）整正とポップアウト効果	5
（2）マニュアルは表形式が迷わない	8
（3）作業を一本道にする	9
（4）ゾーニング	10
（5）選び間違いのエラー ～手がかりを増やす	11
（6）状態をモノで表す	12
（7）チェックの仕方を工夫	13
3　一人一人が異常に気づく能力を高める	14
4　ほめる文化がヒューマンエラーを減らす!	15

1 ヒューマンエラー対策の考え方
～事故を防ぐ3つの力

　事故・災害が起こると「原因を究明し再発防止に努める」という報告をよく耳にしますが、「うっかり、ぼんやり」で生じたエラーが原因であれば、脳内のメカニズムを解明できない限り、本当の原因は分かりません。発想を変え「なぜ、エラーの進行を見逃したか」という、エラーによる影響を早い段階で断ち切る方向にも目を向けるべきです。

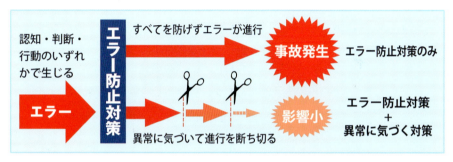

　事故・災害を防ぐには、次の3つの力で対応する必要がありますが、特に「**異常に気づく能力**」を高めることが大切です。

異常に気づく能力　優先度：1位

異常検知力
　この能力が高ければ、エラーそのものやエラーにより生じる異常にいち早く気づいて、影響が出る前に止められる可能性が高まる。この能力を最優先に高めるために、職場や個人のレベルで取り組みを進めよう。（5頁以降参照）

3

1 ヒューマンエラー対策の考え方 ～事故を防ぐ3つの力

異常の発端と範囲を特定できる能力
優先度：2位

異常源探知力
エラーなどで異常が生じた場合、エラーの発端箇所や、影響を受けた範囲を把握する能力。この能力が高いことも、エラーによる影響を回復させるのに役立ち、優先度が高い。

エラーをせずに作業できる能力
優先度：3位

確実実行力
エラーをしない能力で、エラーを減らすために大切。しかし、エラーはゼロにはできず、かつ、自分がエラーをしなくとも、たくさんの人がかかわって仕事をするという職場の現状から、ほかの人のエラーに気づく「異常検知力」が最重要となる。

2 職場で異常を見つけるための工夫の例

「いつもと何か違う」といった異常を見過ごさない能力を一人一人が身につけることが大切ですが（14頁参照）、職場（チーム、組織）として、みんなで話し合って、異常に気づくための環境を整えていくこと、すなわち、職場として「異常に気づく能力」を高めるための取り組みも大切です。

以下に紹介する具体例（工夫）はエラーを防止する対策ともなりますが、エラーが発生した後にエラー自体やエラーによる異常に気づきやすくするという観点が盛り込まれているところが重要です。できることから、取り入れていきましょう。

（1）整正とポップアウト効果

安全の基本が4S（整理、整頓、清掃、清潔）であるように、物の状態などが正しく整った状態（整正）を定めておくと、異常が発見しやすくなります。また、違うことが浮き出るように見えるポップアウト効果を活用すると、異常発見の大きな手助けになります。

● 例1 ● 人がいることにすぐに気づく

ポップアウト効果　壁面の色・模様を工夫すれば、人がいることに気づきやすくなる。たとえ初見で見落としても、その後気づく可能性が高まる。ポップアウト効果は、目で見る対象物と周辺との取り合わせで決まる。

2 職場で異常を見つけるための工夫の例

● 例2 ● 部品の付け忘れなどにすぐに気づく

部品の付け忘れや物の片づけ忘れを防ぐために、容器や床の色・模様を工夫する。

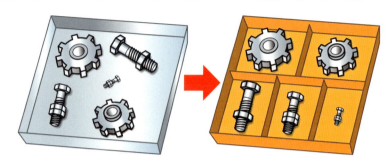

　トレーに、部品一式を入れる場合、トレーを部品と同系色にすると見分けがしづらく、部品の付け忘れなどに気づきにくい。トレーの色や柄を工夫し、さらに、組み立て順に並べるゾーニング（10頁参照）を行えば、作業の進捗も分かりやすく、部品の付け忘れに気づきやすくなる。
　物の落下や物の片づけ忘れに神経を使うような工程では、床面の色・模様も工夫しておくとよい。物の片づけ忘れによる転倒の防止にもつながる。

● 例3 ● 計器で異常をすぐに気づく

　アナログ計器は、「上昇」「下降」といった状態を把握しやすい反面、正確な数字は読み取りづらい。また、目盛りの異なる計器が並んでいると読み間違いや異常値の気づき遅れにつながる。

目盛りが異なる計器を隣接させると読み間違いを起こしやすい

正常範囲が中央になるようにして、目盛り背景を色づけるなどしてポップアウト効果を活かせば、正常範囲からの逸脱を見つけやすい。さらに、目盛り上に指示事項を記載しておけば、操作ミスも少なくなる。

6

● 例4 ● 様式での記入漏れにすぐに気づく

　様式類はポップアウト効果を考えてレイアウト（整正）すると、チェック漏れや記入漏れにすぐに気づくことができる。

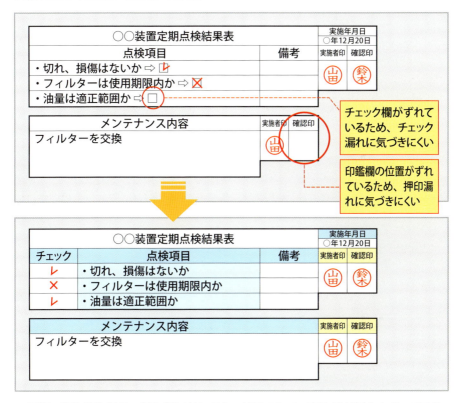

　同類の記入欄を揃え、記入欄以外に色をつけることで、記入欄が浮き上がって見え、記入漏れがあるとすぐに気づけるようになる。

　数値入りの表などでは、数値をつい横に並べがちだが、検算しやすい縦に並べる整正をすれば、計算間違いに気づきやすい。

7

2 職場で異常を見つけるための工夫の例

（2）マニュアルは表形式が迷わない

　マニュアル類でフローチャートは一見分かりやすいように見えますが、どの選択肢同士が仲間かなどがつかみづらく、全体像を理解するのに苦労します。表形式にして、選択肢別にたどっていけるようにしたほうが理解しやすく、間違いにも気づきやすくなります。

　また、作業手順書など既存のマニュアルを表形式にして整理すると、ムダやムラが浮き彫りになってくることもあります。

● 例 ● **マニュアルのたどり間違いに気づく**
〜レストランでの注文別のカトラリー（スプーン類）の準備

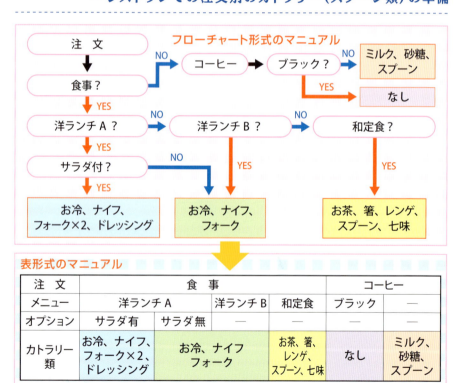

　表形式にすると、食事かコーヒーか、洋ランチか和定食かといった違いで、準備するものが一目瞭然となる。

（3）作業を一本道にする

　前頁のフローチャートのマニュアル例のように、分岐で判断させる場面が多いと間違いが生じやすいのは、どのような作業でも同じです。作業を分岐のない一本道にすると、やり忘れなどにすぐに気づきやすくなります。

● 例 ● 作業漏れにすぐに気づく

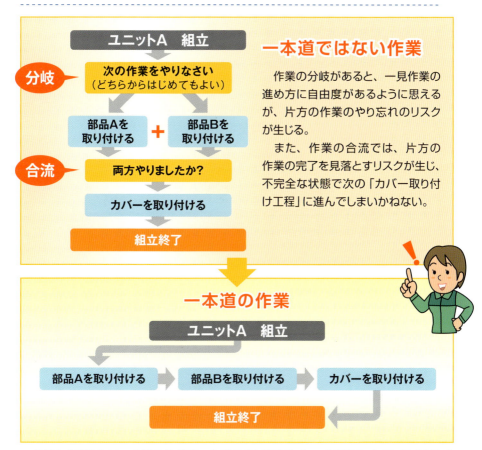

　分岐と合流のない一本道の作業が、作業のやり忘れやチェック漏れにすぐに気づきやすく有効である。作業の自由度を奪っているようにみえるが、一つのやり方に固定することで、正しい作業のやり方を体にしみこませやすくなる。

（4）ゾーニング

　ゾーニングとは作業場所、モノの置き場所など、作業に関係する場所（ゾーン）の使い方を決めることを指します。ゾーニングができていないと、何がどこにあるのか、どこまで作業が進んでいるのかなど状況を把握しづらく、エラーが起こっていても気づくのが遅れてしまいます。

●例● 作業の進捗が分かり、作業漏れにすぐに気づく

　複数の資料などをセットして何箇所にも発送するといった場合、作業を進める順番に資料などを並べておけば、同封漏れなどに気づきやすく、また、どこまで作業が進んでいるかも把握しやすくなる。

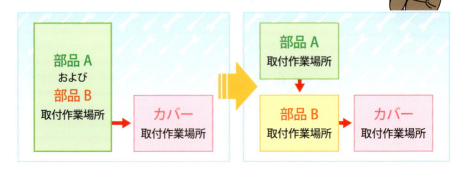

　作業を一本道にすることとゾーニングは表裏一体の関係にある。例えば前頁の例で、部品AとBはどちらを先に付けてもよいからと、同じ作業場所で混在させず、作業を一本道にして、さらに作業場所を分けたほうが、作業の進捗が把握しやすく、部品の取り付けを忘れるといったエラーにも気づきやすくなる。

（5）選び間違いのエラー　〜手がかりを増やす

　プラスとマイナスのドライバーを間違えた程度なら笑い話ですむかもしれませんが、吊り具を選び間違えたのでは、荷が落下して重篤な災害が起こりかねません。似て非なるものは、違いが分かるようにする手がかりを増やすことで選び間違いに気づきやすくなります。

● 例1 ●　モノの選び間違いにすぐに気づく

形状は似ているが、仕様や能力が違うといったものの場合、色や形、表示などの違いをつけることで手がかりを増やす。

黄：積載荷重100kgまで　　青：積載荷重200kgまで

● 例2 ●　ボタンの選び間違いにすぐに気づく

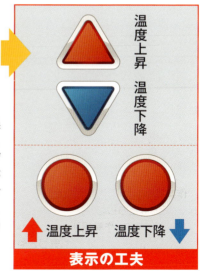

車のアクセルとブレーキのように、真逆の操作スイッチが隣接しているケースは少なくない。

色だけでなく、形もイメージしやすいものに変えて手がかりを増やすとよい。ボタンの形状を変えられなければ、表示を工夫するだけでも効果はある。

11

2　職場で異常を見つけるための工夫の例

（6）状態をモノで表す

　状態をモノで表すと、やり忘れなどのエラーに気づきやすくなります。例えば、旅客機では、キャビンアテンダントによるドアモードの切替え操作のやり忘れを防止するため、ドアから赤い帯を垂らしています。モノが存在し続けることで訴え続け、キャビンアテンダントに思い出させてくれます。分かりやすく目立つモノで示すことで、多くの人にその状態を知らしめることができます。

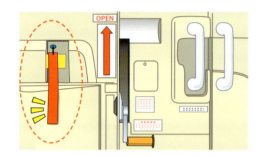

ドアモードには、パーキング時とフライト時（ドアを開けると脱出用の滑り台が自動で出るモード）の設定がある。赤い帯が垂れているとパーキング時のままになっていることを示している。

● 例 ●　「作業中」であることにすぐに気づく

　メンテナンス作業中であることなどを表示したり、柵やカラーコーンなどを設置したりするのも、「利用できない」「立入禁止」状態であることを周囲に訴えている。

（7）チェックの仕方を工夫

仕事のさまざまな場面で必要となるチェックは、エラー発見に効果的に見えますが、例えば、ダブルチェックをしても「もう一人が見ている」という安心感から、エラーを見逃してしまうことが少なくありません。
観点を変えるなどチェックの効果を上げるための工夫をしましょう。

● 例 ● **ダブルチェックの効果を上げ、間違いにすぐに気づく**

❶ ダブルチェックは観点を変える

$9 \times 5 = 45$ 　が正しいかチェックする場合

・1人目　奇数×奇数＝奇数という性質から、答えは奇数か？
・2人目　9の倍数の性質から、答えの一の位と十の位の合計が9か？

このように観点を変えてチェックする。1人目でエラーを見逃しても、2人目のチェックには影響せず、発見できる可能性が高くなる。

❷ 下ごしらえをしてチェック項目をシンプルに

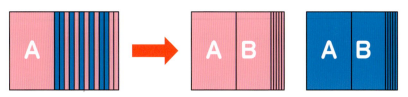

赤と青の伝票別に、顧客「A」「B」の数を数える場合、青と赤の伝票を見分けつつ顧客「A」と「B」を数えるのは、間違いが生じやすい。後でチェックする際にも間違いに気づきにくい。まずは、色別にカードを分けるなど下ごしらえをして、チェック項目を絞り込むとよい。

❸ 手がかりを増やす

読み上げてチェックする場合などは、「1」と「7」、「B」と「D」など、聞き間違いやすいものがある。「イの一番の1」「ラッキーセブンの7」、「ブラボーのB」「デルタのD」というように、シンプルな条件をあえて付け加えると聞き間違いに気づきやすくなる。

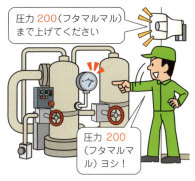

3 一人一人が異常に気づく能力を高める

職場の環境を整え、職場としての異常に気づく能力を高める工夫と併せて、一人一人が異常に気づく能力を高めていくことも大切です。

① 初心忘れるべからず

「10時に第一会議室に集合してくさだい」という文章について、日本語を習いたての外国人なら、「くさだい」という文章の誤りに気づくでしょう。先入観に惑わされない初心者の観点を意識することが大切です。

慣れてしまった「小さな異常」でも、「今回は違うのではないか」「本当に問題ないか」ということを常に考えるくせをつけましょう。

②「真のベテラン」を目指す

仕事の進め方を経験別に大きく3つに分けると、次の特徴があげられます。

経験	特徴
初心者	客観的な目を持っており、かつ、緊張しているため、注意を払う意識が高いが、どこに注意すればよいのかが分かっていない。
中級者	緊張せずに仕事ができる反面、我流チェックをしがちで異常の発見漏れが生じる。比較的、責任のある重要な仕事を担当することから、異常を見逃すことで、大きな事故につながる可能性が一番高い。
上級者（真のベテラン）	仕事でのエラーの怖さを理解しており、慎重にチェックをする。型どおりの検査手順だけでは見逃してしまう異常があることも知っていて、巧妙かつ念入りなチェックを行う。

異常に気づく能力の高い「真のベテラン」となるには、エラーの怖さを経験し、理解する必要があります。事故事例やヒヤリハット情報を使って、自らの職場に置き換えて、ケーススタディや予防策を考えることなども取り入れて、経験値を高めていきましょう。

4 ほめる文化がヒューマンエラーを減らす！

ある国に、飛びぬけて事故の少ない船があります。「工具を紛失したかもしれない」といった些細なエラーでも報告することを徹底し、エラーによる一件が落着したときには、エラーを報告した本人を表彰することまで行っています。

エラーが発生しても影響を未然に防ぐことのできる組織には、

- **ルールをきちんと守っている人がいたらほめる**
- **自分のミスを打ち明ける人がいたら、その勇気をたたえる**

といった「ほめる文化」が根づいています。

ふだんから職場で意見を交換しあう機会を設け、「ほめる文化」の大切さを理解し、管理監督者や作業者の全員が安全を最優先に、コミュニケーションを高めていくことが大切です。

監修者プロフィール　　**中田 亨**（なかた とおる）

（独）産業技術総合研究所・主任研究員。博士（工学）。
安全工学、特にヒューマンエラーの防止について研究を進める。国際電気標準会議（IEC）ヒューマンファクターと機能安全グループ（SC 65A AHG16）に加わり、人的要因と産業安全の国際規格の策定に従事している。主な著書に、『ヒューマンエラーを防ぐ知恵』（朝日文庫）、『事務ミスをナメるな！』（光文社新書）など

本冊子の内容をさらに詳しく知りたい方にオススメ！

ハード×ソフト×マネジメント
ほめる文化がヒューマンエラーを減らす！　中田 亨 著
中災防発行 定価（本体1,500円＋税）四六判240頁
コードNO.25265　ISBN 978-4-8059-1555-4

すぐに実践シリーズ

ヒューマンエラー　減らすだけが対策じゃない！

事故への進行を断つ！

平成27年1月28日	第1版第1刷発行
平成29年6月15日	第3刷発行

監　修　中田　亨
編　者　中央労働災害防止協会
発行者　阿部研二
発行所　中央労働災害防止協会
　　　　〒108-0023　東京都港区芝浦3-17-12
　　　　　　　　　　吾妻ビル9階
　　　　電話〈販売〉03（3452）6401
　　　　　　〈編集〉03（3452）6209
　　　　ホームページ　http://www.jisha.or.jp/
印　刷　㈱日本制作センター
イラスト　ミヤチヒデタカ
デザイン　新島浩幸
ⓒJISHA 2015　24090-0103
定価：（本体250円+税）
ISBN978-4-8059-1589-9 C3060 ￥250E

本書の内容は著作権法によって保護されています。本書の全部または一部を複写（コピー）、複製、転載すること（電子媒体への加工を含む）を禁じます。